AF267911

# OÙ EN SOMMES-NOUS?

# OÙ EN SOMMES-NOUS?

PAR

UN ANCIEN PROFESSEUR.

Videant consules ne respublica
detrimentum capiat.

---

Prix : 75 cent.

---

A PARIS,

A LA LIBRAIRIE CLASSIQUE,

RUE DU PAON, N°. 8;

ET AU BUREAU DU MÉMORIAL CATHOLIQUE

RUE CASSETTE, N°. 35.

1826.

# OÙ EN SOMMES-NOUS?

QUAND le malaise et l'inquiétude se manifestent chez un grand peuple, que les passions s'agitent et s'exaltent avec une extrême violence, que les esprits, sans frein et sans direction, sont poussés en tout sens vers des choses inconnues, qu'incertain de l'avenir chacun se demande avec effroi : *Où en sommes-nous? où allons-nous? que verrons-nous?* soyez sûr qu'il se remue quelque chose d'extraordinaire et que de graves événements se préparent. Tel est l'état de la société actuelle : presque personne ne croit à la stabilité de ce qui est, et ne jouit en paix du présent. La défiance est dans tous les esprits; on entrevoit dans le lointain je ne sais quoi de sombre et d'alarmant; tout ce qu'on aperçoit, ce qu'on entend, ce qu'on a déjà vu, vous ramène malgré vous à des réflexions inquiètes; le pressentiment de l'orage vous poursuit et vous agite, vous n'osez vous confier à l'avenir. Tout le monde écoute, regarde et attend. Il faut donc qu'un mal inconnu nous travaille, *qu'une maladie indéfinissable* fasse souffrir le corps social et le menace; il faut bien qu'il y ait partout incertitude et symptôme de danger, puisque de toutes parts on entend le même cri d'alarme. La conscience universelle ne trompe pas : quand tous craignent et s'inquiètent, c'est qu'il y a souffrance et péril.

Singulière position que celle d'un peuple qui marche au hasard, comme à tâtons, incertain de la route qu'il doit suivre, ignorant ce qu'il est, où il va; n'osant rien prévoir, ne pouvant se rien promettre de l'avenir! Triste situation que celle d'une société qui se fait peur à elle-même, qui n'a plus foi en elle, dont on n'ose sonder ni toucher seulement la plaie, de peur d'exciter des convulsions; que l'on tremble à chaque instant de voir se dissoudre. Nous constatons un fait, nous signalons l'état du malade; qu'on ne nous accuse pas d'insulter à ses maux.

Où en sommes-nous donc? hélas! une pareille question, quand on a besoin de la faire, est terrible, parce qu'elle est la preuve du malaise général, ou le signe de notre détresse, et la prévision de quelque crise. Lorsqu'une société est forte et sûre d'elle-même, et qu'elle a des garanties de stabilité et de prospérité; lorsqu'elle obéit aux lois qui sont pour elle les conditions de la vie, sa marche est libre et fière; on suit ses mouvements avec confiance; partout est la sécurité; et partout on se livre à l'espérance. Il est bien évident que cette situation n'est plus la nôtre, que nos embarras se compliquent de jour en jour, et que ce n'est donc pas une question oiseuse et frivole que celle-ci : *Où en sommes-nous ?*

Certes, il n'est pas aisé d'y répondre, et cette difficulté toute seule prouve combien le mal est grand.

Demandez à ceux qui sont à la tête des sociétés, qui conduisent les choses humaines : savent-ils eux-mêmes où ils vont, où ils nous mènent ? Voient-ils clair dans cette horrible confusion des esprits, et prévoient-ils le résultat de la lutte décisive qui s'est engagée entre le bien et le mal, entre la vérité et toutes les passions ennemies ? Sont-ils les maîtres du mouvement social ? Le règlent-ils, ou sont-ils entraînés avec tout le reste ? Nous défions qu'ils répondent, à moins qu'un budget à la main ils ne nous prouvent avec des chiffres que tout est tranquille, puisqu'on paie, et que la France ne fut jamais plus heureuse et plus forte. Un milliard est un puissant argument en faveur de la prospérité publique, et quand on est si riche on ne peut pas périr. Toutes les passions iront heurter et se briser contre les écus.

Mais il s'en faut bien que de pareils arguments répondent à tout, et convainquent, rassurent les amis de leur pays. Rome était riche lorsqu'elle tomba dans les convulsions de l'anarchie et s'affaissa sous le poids de sa propre corruption. On ne peut se le dissimuler, nous marchons sur un sol tremblant, ébranlé jusques en ses fondements ; agité de secousses terribles d'un pôle à l'autre. Il ne faut pas moins qu'un miracle pour nous sauver ; les hommes sont désormais impuissants à opérer notre guérison ; il semble même que Dieu ait frappé les médecins d'aveuglement, et envoyé un esprit de vertige en ceux qui sont chargés des destinées des peuples : au lieu éminent, où ils sont placés, la tête leur tourne, ils croient voir ce qu'ils ne voient point; ils appliquent des remèdes qui aggravent la maladie , ou plutôt ils ne savent que faire, *ils se troublent, ils chancèlent comme un homme ivre, et toute leur sagesse a été dévorée*(1). N'est-ce pas le temps de dire comme Bossuet, que le monde n'est plus , et qu'il menace ruine , comme un vieil édifice qui croule de toutes parts ? Qui ne seroit frappé du spectacle qu'il offre depuis quelques années ? N'est-ce pas une arène où toutes les passions déchaînées se font une guerre à mort, et se disputent l'empire comme une proie ? Le génie du bien et celui du mal sont en présence; les maîtres du monde ont dit : Décidez entre vous votre querelle, nous serons spectateurs du combat, nous en attendrons l'issue , ensuite nous verrons. Aussi quelle affreuse guerre ! ce sera sans doute la dernière ! Quelle anarchie ! quelle effervescence et quelle fièvre d'impiété ! Son audace libre de tout frein respecte-t-elle quelque chose ? Avec quelle infatigable persévérance elle attaque, elle calomnie, elle insulte ! Toute la France retentit de ses fureurs ; son audace croît avec ses succès, et affranchie de la crainte, elle fait trembler à son tour. Active comme la haine, astucieuse comme l'enfer , elle fait servir à ses projets toutes les ressources humaines, elle se coalise avec toutes les passions et toutes les erreurs. OEuvres complètes, livrets à 5 sols,

—————

— (1) Psalm. 106.

pamphlets, journaux, dénonciations solennelles, consultations d'avocats, chansons, lithographies, souscriptions, écoles, etc., tout cela est à sa disposition, tout cela avec un concert merveilleux et un art satanique, est employé ouvertement à miner les fondements des trônes et des autels; et, ce qui caractérise notre époque, sous les yeux même du pouvoir, qui laisse faire en affectant une fausse sécurité, qui recule lâchement devant les prétentions insolentes de la révolution, lorsque d'un regard il la feroit rentrer dans les ténèbres. Les méchants, qui sentent que le pouvoir de faire le mal qu'ils méditent leur est donné, se hâtent de profiter du moment; et telle est leur activité, que lorsque les gardiens de la société, avertis par le tocsin général, auront la velléité de s'opposer au torrent, ils seront déjà au fond de l'abîme.

Rien n'accuse les dépositaires de l'autorité souveraine comme cette licence de la presse, cette profusion inouie de livres impies, obscènes, séditieux, qui inondent la France : véritable contagion, plus funeste mille fois que la peste, qui infecte de son fatal venin les cités et les campagnes, qui corrompt le principe vital de la société, qui a perverti la génération présente et empoisonné pour long-temps la source des générations futures; torrent dévastateur qui entraîne tout, et les mœurs, et les sentiments religieux, et l'at-tachement au trône, et la fidélité antique, et la loyauté française, et le goût du vrai et du solide. Livres dé-testables, où l'on remet en problème toutes les vérités universellement reçues ; où, à la place des croyances générales , on ne vous offre que les conjectures timides et les opinions incertaines d'une raison en délire , qui ne sait plus à quoi se prendre et s'attacher, quand elle n'est plus guidée par le flambeau de la religion. Livres funestes, qui, en débarrassant les jeunes gens du joug de la foi , leur ôtent le seul frein capable d'arrêter la fougue de leurs passions ; qui ne peuvent que dépraver leur esprit en corrompant leurs cœurs , et enfanter tous ces monstres de crimes qui depuis quelque temps épouvantent le monde. Productions impies, qui circulent scandaleusement partout, qu'on propage avec plus de zèle que les gens de bien n'en ont pour répandre la lumière de la vérité et défendre la foi.

C'est là , pour ceux qui croient que la société ne vit pas seulement d'industrie : c'est là la plaie réelle de l'État, plaie véritablement incurable, qui étend de jour en jour ses ravages , et finira par tout consumer et tout dévorer. Et comme si ce n'étoit pas assez d'avoir jeté sur la France trois ou quatre millions de volumes impies et corrupteurs , de les avoir reproduits sous toutes les formes , mis à la portée de toutes les fortunes , d'en avoir fait pour les châteaux et pour les chaumières, comme si l'on craignoit qu'ils n'eussent pas pénétré jusque dans les dernières classes du peuple, voilà que Paris et les provinces viennent d'être inondés de livrets à deux et à cinq sols, qu'on donne souvent pour rien et qu'on jette comme une pâture·au peuple. Invention infernale, par le moyen de laquelle on a trouvé le secret de réduire en un quart d'heure de lecture la quintessence de toutes les doctrines révolutionnaires et impies. Grâces au zèle libéral et philosophique, l'irréligion sera populaire, les laboureurs et les artisans seront au niveau de leur siècle, et le peuple sera mûr pour la révolution. Des balles entières de ces petits livres sont envoyées aux libraires de province par les messageries royales ; la foule se précipite pour recevoir de ces livrets pré-cieux, où elle entend dire qu'on enseigne toute vé-rité, qu'on démasque l'hypocrisie et le fanatisme, et qu'on révèle au peuple ses droits. Ainsi donc il n'y a plus aucune partie saine dans la société; depuis la plante des pieds jusqu'au sommet de la tête, ce n'est qu'une plaie, *à plantâ pedis usque ad ver-ticem, non est in eo sanitas*. D'une extrémité de la France à l'autre, on n'entend plus que le langage de l'impiété, langage menaçant et hardi qui étouffe la voix timide de la vérité, et la relègue presque dans l'ombre, si elle ne la réduit au silence.

Eh bien, au milieu de cette licence effrénée, de cette confusion universelle, de cette anarchie des esprits, essayez de vous reconnoître, et expliquez-vous, si vous le pouvez, cet état de choses. Je défie les plus habiles de dire comment la restauration souffre ces excès, comment sous le Roi très-chrétien, on laisse empoisonner le royaume, et saper, ébranler, non pas sourdement, mais à la face du soleil, sous le

sceau de l'autorité publique, toutes les vérités qui
sont le fondement de l'État et de la religion. Quoi !
Buonaparte, le fils et l'héritier de la révolution, a cru
qu'il ne pouvoit se soutenir sans condamner au silence les doctrines qui l'avoient faite; *il ne s'est pas
senti assez fort pour gouverner un peuple qui liroit
Voltaire et Rousseau;* il a voulu appuyer contre l'autel
son trône usurpé; la philosophie s'est tue devant lui,
et tout le temps qu'il a été le maître, il ne s'est pas
fait une seule édition de ces deux philosophes ! Grand
Dieu ! et c'est sous le règne des enfants de St.-Louis
que l'impiété, courbée sous le bras de fer du despote, a
relevé sa tête abattue et a ranimé ses espérances ! C'est
la restauration qui a pour ainsi dire affranchi l'impiété
et brisé ses fers! Elle avoit pourtant frémi en entendant
le nom des Bourbons; elle alloit fuir à leur approche,
parce qu'elle sentoit le mal qu'elle leur avoit fait, et
quels ressentiments profonds ils en devoient conserver.
Mais elle s'est bientôt rassurée, dès qu'elle a vu que la
restauration ne profitoit pas de son avantage; elle a
poussé un cri de joie, elle a repris ses plans d'attaque
et de destruction.

Ils sont donc bien coupables les ministères qui ont
gouverné la France depuis cette époque, si par foiblesse ou par imprévoyance ils ont laissé l'impiété
non-seulement respirer encore, mais grandir, mais in-
fecter de son venin le royaume entier, et s'acquérir
tant de force, qu'il est douteux maintenant qu'on
puisse parer ses coups et dissiper ses complots. Eh !

n'est-il pas permis de trouver étrange que les ministres du Roi très-chrétien se soient montrés plus to-
lérants envers les philosophes révolutionnaires, plus
indifférents aux intérêts de la religion et de la monarchie, qu'un usurpateur ? N'est-ce pas un scandale
dont la responsabilité tombe sur eux , que cette cir-
culation toujours croissante des mauvais livres; que
trente-cinq éditions de Voltaire ; que cinq millions
au moins de volumes corrupteurs, lancés dans le
royaume sous la légitimité , depuis une restauration
qui devoit être pour nous l'ère du bonheur et du
repos ? N'est-ce pas un scandale que ce silence et ce
laisser-faire de l'autorité? Que cette tolérance ou cette
faiblesse du pouvoir reculant devant les prétentions
d'une faction impie , et se retranchant derrière la Loi
fondamentale de l'État ? Quoi! ce seroit là la liberté de
la presse , telle que l'entend cette Loi fondamentale !
voilà la liberté des opinions qu'elle consacreroit ! La liberté de publier l'athéisme ! La liberté de corrompre
les peuples! La liberté de propager la haine des rois ,
le mépris de Dieu ! La liberté d'outrager exclusive-
ment la religion catholique, qu'on dit être celle de
l'État ! Enfin la liberté de semer une peste morale ,
et d'allumer aux quatre coins de la France un vaste
incendie !

A quoi donc sert l'expérience ? Tous les hommes de
bonne foi conviennent , après les aveux de ceux des
philosophes qui ont vu les commencements de la révolution , et c'est aujourd'hui la conviction générale ,

que l'impiété propagée librement en France a fait
notre révolution, que c'est le débordement d'écrits
séditieux et impies qui, pendant un demi-siècle, a
creusé l'abîme, où nous avons vu disparoître et les
institutions, et les lois, et les mœurs, et les hommes, et
les choses. Et aujourd'hui que ces livres se multiplient
à l'infini, qu'ils pénètrent partout, jusque dans les
écoles, qu'ils atteignent les dernières classes du peuple, on ne prend aucune mesure pour l'empêcher !
On laisse le génie de la destruction préparer librement
de nouveaux désastres ! Il y a dans un tel aveuglement quelque chose de mystérieux qu'on ne peut s'ex-
pliquer. Est-ce que les mêmes causes ne produiront
pas les mêmes effets? Est-ce que la principale cause
de la révolution et de nos malheurs, celle que nous
venons d'assigner, n'est pas aujourd'hui plus puissante
encore qu'à la fin du dix-huitième siècle, plus active,
plus universelle, plus libre dans ses moyens ? L'irréligion, qui n'avait atteint alors que les classes élevées
de la société, n'est-elle pas descendue dans les derniers rangs? et la révolution n'est-elle pas déjà faite
dans les esprits ? Ou bien est-ce qu'une monarchie de
quatorze siècles était moins bien assise et moins
forte qu'un trône qui vient à peine de sortir de ses
ruines et qui se trouve exposé au choc violent de toutes
les passions, à l'action corrosive de tous les principes
destructeurs ? Comment ne voit-on pas cela ? par
quelle inconcevable obstination repousse-t-on les conseils, les avertissements de tous les amis de la mon-

narchie et de la religion ? De toutes parts des réclamations énergiques se sont fait entendre ; les députés
de la France , accourus de toutes les provinces , pro-
clament dans leur adresse au Roi l'étendue d'un mal
dont ils ont été les témoins ; les conseils généraux
des départemcnts signalent le scandale et la gravité
du mal , et en implorent le remède ; la France toute
entière pousse un cri d'alarme , la religion éplorée
lève les mains au ciel : et , ni cette inquiétude universelle , ni ces supplications des gens de bien , ni le
réveil des passions , ni les effrayants préludes d'une
révolution qui recommence , ne peuvent ouvrir les
yeux ni troubler la conscience de ceux qui gouver-
nent ; et tout absorbés par des intérêts de finance ou
d'industrie, ils traitent encore nos inquiétudes d'irré-
fléchies, et peu s'en faut qu'ils n'accusent nos alarmes
de révolte et nos réclamations d'attentat contre la
charte et contre les libertés publiques. Quelle fasci-
nation ! *Le Seigneur* , dit un prophète , *répandra sur*
*vous un esprit d'assoupissement, il fermera vos yeux*
*et couvrira de ténèbres vos prophètes et vos chefs* (1).

La France doit être fière de posséder des hommes
d'État si calmes dans l'orage , si impassibles au milieu
de l'agitation universelle et de l'effroi des gens de
bien. Le juste d'Horace debout au milieu des ruines
du monde est-il plus grand que M. de Villèle assis devant son budget, contemplant sans se troubler la chute

(1) Isaïe , c. 29.

des rois et des trônes : ou que M. de Corbière dormant paisiblement au fond de cale du vaisseau de l'État, sans que les éclats de la foudre et l'agitation des flots le réveillent : ou que Monseigneur Frayssinous appuyé sur *les Vrais principes*, et survivant au naufrage des mœurs dans les écoles et du catholicisme dans la France? Mais pendant qu'ils dorment, les révolutionnaires veillent, et suivent leurs projets avec une effrayante célérité. Ils doutent si peu du succès, que déjà ils l'annoncent hautement et regardent la révolution comme déjà faite. Ils sentent si bien leurs forces et connoissent si bien par expérience la foiblesse de l'autorité, qu'ils ne prennent plus la précaution de voiler leurs pensées et de cacher au public leurs vues et leur but. Qu'on lise leurs journaux et leurs livres : chaque jour leur audace s'accroît, tant ils sont sûrs de la patience et de la longanimité du pouvoir; chaque jour leur langage devient plus violent et plus clair; à force d'impunité, ils sont devenus insolents dans leurs triomphes et téméraires dans la manifestation de leurs projets.

Cette effervescence et cette fièvre d'innovations se sont emparés de tous les esprits. Depuis un an ou deux surtout, l'exaspération est à son comble. Des préventions haineuses, des accusations malignes, un langage amer et détracteur, l'éloignement pour la religion et pour le clergé, voilà ce que vous remarquez maintenant partout, dans les ateliers comme dans les salons. On a tant déclamé, crié si haut,

répété si souvent les mêmes calomnies, qu'à la fin
elles ont trouvé créance : l'opinion publique s'est dé-
tériorée sensiblement, et vous ne retrouvez plus cette
bienveillance générale, cette loyauté de sentiments et
de principes, cette pureté de doctrine, ce zèle de
restauration religieuse, cette tendance à l'union et à
l'oubli qui animoit la plupart des François, il y a
quelques années. On ne sait peut-être pas cela dans
les bureaux des ministres ; mais voilà la situation des
esprits, voilà les progrès qu'ont faits les lumières, voilà
ce qu'on apprend par ses relations sociales, et ce
qu'observent autour d'eux les hommes privés. Aussi,
quelles tristes nouvelles viennent tous les jours attris-
ter leur âme ! Des monstres de crimes inconnus
jusqu'ici épouvantent le monde et deviennent plus
communs que les bonnes actions. Les feuilles publiques les rapportent comme des faits ordinaires ; on les
lit sans horreur et sans étonnement, on s'y accoutume
comme à tout ce qui est de l'ordre commun. La cour
de cassation suffit à peine à la révision des causes ca-
pitales. Tirons le voile sur ces horreurs et sur ces sui-
cides si fréquents qui désolent les familles, qui cons-
ternent nos villes et nos campagnes, qui prouvent si
bien l'amélioration des mœurs et de l'esprit religieux,
vantée dans certains complimens et certains discours ;
et sur ces morts scandaleuses qui couronnent par l'a-
postasie et par une déclaration publique d'incrédulité
une vie libertine et irréligieuse. Les choses changent
de nature dans une société si corrompue ; la gloire



2

commence à s'attacher au scandale , et la honte à la piété.

Et maintenant qui peut dire où nous en sommes ? Comment avec tant d'éléments de destruction une société peut-elle se soutenir ? où sont , je vous prie , ses garanties de durée ? Quel motif a -t-on de croire que tant de germes de corruption et de mort déposés dans son sein , ne se développeront pas et ne porteront pas leurs fruits ordinaires ? Qu'on nous montre dans le passé un état qui ait vécu en proclamant des principes de mort , qui soit resté debout sans appui , ou après que ses appuis naturels lui ont manqué ? Qu'on nous explique comment un peuple qui ne croit plus à rien , pas plus à la majesté humaine qu'à la majesté divine , qui n'obéit plus par conscience , qui ne tient plus qu'à l'argent , qui se moque de tout le reste et que tout le reste impatiente : qu'on nous explique comment ce peuple peut être gouverné avec des gendarmes et des soldats. Quand on aura arraché de tous les cœurs le respect pour les choses les plus sacrées ; quand les peuples ne verront plus dans les rois et dans les prêtres que des hors-d'œuvre , que des obstacles à leur repos , à leur fortune , à leur indépendance ; quand déjà le nom seul ou la présence d'un prêtre fait bouillonner le sang dans les veines et frémir de rage la multitude : quel sera encore une fois parmi nous le sort de la religion ? Si Dieu qui met un frein aux vagues de la mer et enchaîne la fureur des méchants quand il lui plaît , lassé enfin et fatigué par notre obstination, déchaîne l'impiété et lui laisse le pouvoir de faire le mal qu'elle désire, où se portera sa haine, où s'arrêteront ses fureurs? et quand la multitude égarée par des prédications mensongères, aigrie contre le *parti prêtre* par un système soutenu de calomnies et de diffamations, aura, docile aux leçons qu'on lui donne, secoué un joug devenu pour elle importun et odieux, qui arrêtera dans son cours ce torrent débordé? Est-ce que la religion et la royauté veulent encore se retirer de nous pour nous punir !

Que les hommes chargés de nos destinées ouvrent enfin les yeux, et osent mesurer la profondeur de l'abîme. Qu'ils s'arment donc du glaive de la justice, que Dieu a remis entre leurs mains pour venger et sauver la société, et qu'en proclamant plus hardiment et défendant les principes conservateurs, ils rassurent les amis de leur pays. Ah ! qu'ils sentent que tout ce qui corrompt un peuple, le dégoûte de ses devoirs et le détache de ses maîtres : que quand la religion n'a plus d'empire sur les cœurs, il n'y a plus de frein pour les passions ; que quand il n'y a plus d'autre droit reconnu que celui de la force, la multitude ne tarde pas à essayer la sienne ! Convaincus de la gravité du mal, épouvantés de l'avenir, les regards inquiets des gens de bien sont en ce moment tournés vers le trône, ce trône qu'on n'implora jamais en vain, qui fut dans tous les temps le refuge des Français, le défenseur de tous les droits. Ils lèvent leurs mains suppliantes vers un Roi, qui unit à la bonté de Henri IV la piété de saint Louis, un Roi qui veut le salut de son peuple et le triomphe de la foi : il ne verra dans les alarmes de ses fidèles sujets qu'un témoignage d'attachement à sa personne, et dans leurs prières qu'une grande confiance en la royauté.

« Sire (1), si l'impiété concentrait ses ravages dans » la capitale, nous pourrions la mettre au nombre de » ces fléaux terribles qu'éprouve de temps en temps » une, ville immense; mais elle s'est déjà répandue » comme un torrent dans l'intérieur des provinces et » jusqu'aux extrémités de votre Royaume : il n'y a » point de ville ni de bourg qui soit entièrement exempt » de sa contagion. Les pasteurs des âmes s'aperçoivent » qu'elle commence à pénétrer dans l'atelier de l'arti-» san et jusque sous l'humble toît du laboureur et du » manouvrier, et qu'elle va leur enlever les seuls biens » qui les dédommagent de leur misère, l'innocence des » mœurs et la simplicité de la foi.

» Ah ! Sire, souffrirez-vous que la masse entière de » votre peuple se corrompe et se pervertisse ? que » votre héritage devienne la proie de l'esprit des ténè-» bres ? que celui par qui vous régnez ne soit plus » connu dans votre empire, et que la foi de vos pères » s'éteigne dans le cœur de vos sujets, et avec elle tous » les sentiments d'amour, de soumission et de fidélité » qu'elle y avait gravés pour votre personne sacrée ?... » L'impiété ne borne pas à l'Église sa haine et ses projets

(1) Mémoire au Roi sur l'impression des mauvais livres, par l'assemblée du Clergé de 1770.

» de destruction : elle en veut tout-à-la-fois à Dieu
» et aux hommes, à l'Empire et au sanctuaire, et elle
» ne sera satisfaite que lorsqu'elle aura anéanti toute
» puissance divine et humaine... L'anarchie et l'indé-
» pendance sont le gouffre où elle cherche à précipiter
» les nations : c'est pour remplir ce funeste projet
» qu'elle s'attache depuis long-temps à briser par de-
» grés tous les liens qui attachent l'homme à ses devoirs.
» En vain voudrait-elle encore se parer des fausses ap-
» parences de la sagesse et de l'amour des lois : son
» affreux secret vient de lui échapper, et la voilà con-
» vaincue d'être autant l'ennemie des peuples et des
» rois que de Dieu même.

» On vous dira peut-être, Sire, que les lois humai-
» nes sont impuissantes pour arrêter le désordre dont
» nous nous plaignons : elles le seront, sans doute, si
» on ne se hâte pas d'y apporter le remède convenable;
» elles le seront, si on laisse à cette contagion le temps
» de se répandre, de se fortifier, de corrompre tous
» les cœurs et toutes les têtes, de former enfin l'esprit
» général de la nation. Si jamais l'impiété parvient à
» ce degré de force et de malice ( et malheureusement
» elle n'en est pas éloignée ), c'est en vain que les lois
» voudront la réprimer : elle bravera et subjuguera
» tout, jusqu'à la puissance souveraine.

» La religion ne craint point la lumière; elle ne
» craint que les égarements de la raison, et non ses
» efforts; elle ne s'oppose point à la perfection des
» sciences humaines. Mais, pour ne pas arrêter les pro-

» grès heureux de l'esprit humain , faut-il donc lui per-
» mettre de tout détruire ? Et ne pourra-t-il être libre
» que lorsqu'il n'y aura rien de sacré pour lui ? Cette
» liberté effrénée de rendre publics les délires d'une
» imagination égarée, loin d'être nécessaire au déve-
» loppement de l'esprit humain, ne peut que le re-
» tarder par les écarts où elle le jette, par les folles illu-
» sions dont elle l'enivre , et par les troubles divers
» dont elle remplit les États..... Et plût à Dieu,
» Sire, que Votre Majesté n'eût pas déjà eu lieu de
» s'apercevoir que cette liberté, à l'exemple de tous
» les fléaux, a laissé des traces funestes de son passage;
» qu'elle a altéré la bonté du caractère national, et
» qu'elle a introduit presque dans toutes les conditions ,
» des mœurs, des maximes et un langage inconnu à
» nos pères , et dont leur fidélité, leur amour pour
» leurs Rois eussent été également alarmés.

» Daignez donc , Sire, employer toute l'autorité
» que le ciel vous a donnée pour réprimer la licence des
» écrits irréligieux. Ce n'est pas seulement le bien de la
» religion, c'est encore celui de votre peuple qui le
» demande.... Le zèle des princes religieux ne fut ja-
» mais sans récompense, même sur la terre. En faisant
» respecter le nom de Dieu, ils assurent leur autorité ,
» leur bonheur, la paix dans leurs États, le repos et
» l'obéissance de leurs sujets.»

Ces généreuses remontrances, derniers efforts d'une
liberté expirante, rappellent un état de choses qui
n'est plus, et ramènent malgré nous nos pensées sur la

servitude de l'Église de France, de cette Église qui a tant contribué à la gloire de la monarchie par ses lumières, par son zèle ou par son illustration. Il fut un temps où cette Église pouvait se mêler de ses affaires, et l'administrer elle-même; elle avait ses tribunaux et ses juges; elle se gouvernait par des lois émanées ou d'elle-même ou de son chef, et réglait seule, sans l'intervention de la puissance civile, toutes les choses de la religion. Les souverains Pontifes étaient l'âme de ses conciles; ils intervenaient dans toutes les affaires importantes pour les diriger et en assurer le succès : appuyée de leur autorité, elle osait davantage, s'opposait avec plus de vigueur aux abus, et triomphait de tous les obstacles. Les évêques s'assemblaient fréquemment pour aviser aux moyens de corriger les désordres et de rétablir la discipline. Convoqués par les métropolitains en conciles provinciaux, ils proscrivaient l'erreur naissante, réformaient les abus, ôtaient l'abomination du lieu saint, veillaient à la défense des immunités de l'Église, et réprimaient par des ordonnances sévères la licence et les brigandages d'hommes à demi barbares, qu'aucun autre frein ne pouvait contenir. Combien notre histoire est riche en monuments de ce genre! Quelle multitude de conciles attestent les efforts incroyables des évêques, pendant une longue suite de siècles, pour conserver la pureté de la foi, remettre la discipline en vigueur, réformer les mœurs, ranimer les études, guérir les plaies que faisait à l'Église et à l'État le malheur des temps ! Cette persévérance a fait disparaître peu-à-peu les traces de la barbarie, et ces évêques, qui ont fait le royaume de France, comme dit Gibbon, en ont été encore les bienfaiteurs et les sauveurs; ce sont eux qui ont fait ses lois et l'ont civilisé. C'est qu'alors on voulait bien leur permettre de servir l'Église et l'État; on ne s'offensait pas des vœux qu'ils faisaient pour la gloire de la religion et le bonheur des peuples; on ne regardait pas encore comme un empiétement sur l'autorité royale la publication des statuts et des rituels, et les prélats n'étaient point obligés de demander et d'attendre le bon plaisir du Roi ou de ses ministres pour s'acquitter des devoirs de leur charge. Tout se perfectionne avec le temps. L'action de ce grand corps, le plus éclairé d'ailleurs et le plus zélé pour le bien public, étant libre de toute entrave, elle se faisait sentir également partout, se communiquait à toutes les parties du corps social, et les résultats étaient immenses pour le bonheur public.

Loin qu'alors les lumières, le zèle et l'influence de l'épiscopat fussent suspects à l'autorité royale, c'était nos Rois eux-mêmes qui provoquoient et ordonnoient ces assemblées vénérables, d'où sont émanés tant de réglements non moins utiles à la monarchie qu'à la religion, monuments de piété et de sagesse qui témoignent hautement tous les efforts que le Clergé de France a faits pour procurer la paix et le bien du royaume. Les ordonnances de Blois et de Melun,

celle de 1610, enjoignent la tenue des conciles provinciaux tous les trois ans, conformément à la disposition
du concile de Trente (1). Par une autre déclaration
du 16 avril 1646, « le Roi admoneste et exhorte les
» archevêques et métropolitains de tenir les conciles
» provinciaux au moins de trois ans en trois ans, en tel
» lieu de leur province qu'ils connaîtront être plus
» propres pour cet effet, afin de pourvoir à la disci-
» pline et correction des mœurs, et direction de la po-
» lice ecclésiastique, institution des séminaires et éco-
» les, selon la forme des saints décrets, avec défenses à
» tous juges d'empêcher directement ou indirectement
» cette célébration, et injonction de tenir la main à
» l'exécution des décrets et ordonnances d'iceux, sans
» que les appels comme d'abus de ce qui y sera or-
» donné aient aucun effet suspensif. »

Voilà ce qui se passait dans ces siècles de simplicité
et d'ignorance, où les enfants ne savaient pas encore
discuter les droits et l'étendue de la puissance pater-
nelle, où l'Église de France ne se distinguait des autres que par son obéissance toute filiale et par un attachement plus vif au Père commun. Mais depuis qu'on
lui a donné des libertés et des franchises, depuis l'é-
poque mémorable de son émancipation, dans quel
état de faiblesse est-elle successivement tombée? où

_______

(1) *Metropolitani per seipsos, quolibet saltem triennio, post oc-
tavam Paschæ resurrectionis D. N. J. C., seu alio commodiori tem-
pore, pro more provinciæ, non prætermittant synodum in provincia
suâ cogere.* Sess. 24, cap. de Reformat.

sont les conciles qu'elle a célébrés (1) ? la puissance nouvelle qu'elle a acquise ? Ne s'est-elle affranchie de la tutelle du Pasteur suprême que pour engager sa liberté à la puissance civile ? Elle est devenue libre, en effet, à-peu-près comme ces peuples auxquels on impose aujourd'hui des constitutions libérales, qui laissent la royauté sans force pour le bien, et l'oppression sans remède. La charte qu'elle s'est donnée en 1682 n'a servi qu'à la soustraire à la protection puissante du souverain légitime, pour la livrer sans défense aux mains de ses ennemis ? Quel triste et humiliant spectacle elle offrait au monde pendant tout le siècle dernier ! Voyez les parlements transformés en conciles provinciaux, décidant judiciairement sur la foi, soumettant à leur tribunal les bulles du Saint-Siége et les mandements des évêques, cassant les décisions de l'Église universelle (2), dressant des réglements en forme d'arrêts pour l'administration des sacrements et les sépultures ecclésiastiques, attirant à eux toute la juridiction spirituelle, sous prétexte de défendre les libertés de l'Église gallicane. Voyez les curés décrétés de prise de corps pour avoir obéi à leur évêque dans les fonctions du saint ministère; les évêques eux-mêmes spoliés et bannis pour avoir osé nier l'infailli-

____

(1) Depuis le concile de Toulouse, en 1590, jusqu'à nos jours, pendant plus de deux siècles il n'y a eu d'autre concile en France que celui d'Embrun, tenu en 1727.

(2) Le parlement de Paris décida que la bulle *Unigenitus* n'était pas un jugement dogmatique de l'Église, ni une règle de la foi, et défendit de dire et d'écrire le contraire.

bilité des parlements et approuver ce qu'ils condam-
naient; leurs instructions pastorales lacérées par la
main du bourreau ou condamnées au feu; leurs statuts
et leurs ordonnances supprimés comme contraires aux
droits et usages de l'Église gallicane, et cette pauvre
Église courbée sous un joug si humiliant, ne pouvant
plus porter ses plaintes au pied de son Chef naturel, ni
recourir à son autorité tutélaire, empêchée qu'elle est
par des libertés qu'elle a mises sous la protection du
pouvoir temporel. Ne pouvait-elle pas dire comme les
enfants de Jacob : *Meritò hæc patimur?*

Toutefois, il lui restait encore le privilége de pouvoir porter aux pieds du trône *royal* ses doléances et
ses réclamations par l'organe de ses députés, assem-
blés périodiquement à Paris pour traiter de ses affaires
temporelles : c'étaient ces assemblées du Clergé qui
faisaient entendre de temps en temps une voix forte et
généreuse, avertissaient l'autorité des complots tramés
par les sophistes, signalaient l'audace et l'impiété de
leurs livres, et plus d'une fois réveillèrent par leurs
cris le zèle des parlements, distraits par les affaires
spirituelles. L'épiscopat fit ce qu'il pouvait dans l'état
d'oppression où il gémissoit; et si le gouvernement
eût écouté ses conseils et ses vives remontrances, il
nous eût peut-être épargné les malheurs de la révolution. Hélas! le Clergé n'a pas même aujourd'hui le
droit de se plaindre, ni au Roi, ni au Pape! On le tient
dans l'isolement pour étouffer sa voix et pour mieux
l'asservir. Dépouillé de ses priviléges et déshérité de

ses traditions, « il n'est plus, disait feu M. l'évêque
» de Troies (1), qu'une espèce de hors-d'œuvre dans
» l'État, un pur objet d'administration civile, un sim-
» ple article du budjet... Quel bien, quelle harmonie,
» quelle unité, et par conséquent quelle vigueur pour-
» rait-il trouver dans cet isolement et cette triste dis-
» location de toutes ses parties? » Quel obstacle oppo-
sera-t-il aux entreprises et aux usurpations de la puissance séculière? Autrefois, il invoquait le secours du
Saint-Siége, protecteur et défenseur né de toutes les
Églises; aujourd'hui, le pourrait-il? l'oserait-il? n'est-
il pas sous la main du Roi bien plus que sous la main
du Pape? n'est-ce pas du gouvernement qu'il tient
son existence, et tous les établissements ecclésiastiques ne sont-ils pas à la disposition de ce gouvernement, qui les supprime avec la même liberté qu'il les
autorise? L'Église gallicane est-elle administrée au-
trement que l'université et les douanes, et, dans cet
état de choses, ne dépend-elle pas de tous les caprices
du pouvoir? Après cela, si vous nous vantez et si vous
proclamez encore les libertés de l'Église gallicane,
nous croirons que, par une ironie amère et cruelle,
vous voulez insulter à ses chaînes. L'Église gallicane
libre, quand elle n'a pas le droit de traiter ses propres
affaires, ni même d'établir une école de village! quand
on prétend lui prescrire ce qu'elle doit croire et en-
seigner! quand elle ne saurait entendre la voix de son

(1) Panégyrique de saint Vincent de Paul.

Chef et de son guide que par l'intermédiaire d'un
conseil-d'état, et obéir à ses ordres qu'avec la permission du prince ! quand trois évêques seulement ne
pourraient s'assembler en concile pour conférer ensemble du triste état de leur diocèse, et faire quelques
réglements de discipline !

Église gallicane, chéris maintenant tes libertés,
réchauffe ton zèle et ton amour pour elle, sois fière
de ton indépendance. Nous savions déjà que les peuples, affranchis de la douce autorité de leurs rois et
courbés sous un joug oppresseur, soulèvent par fois
leurs fers, pour crier aussi d'une voix funèbre : vive
la liberté ! Fais des déclarations nouvelles pour cons-
tater et éterniser ta servitude; resserre toi-même la
chaîne de ton esclavage; empresse-toi de donner au
pouvoir civil d'inutiles assurances de ta parfaite dé-
pendance ! Comme si le joug qu'il fait peser sur toi
n'étoit pas encore assez pesant; comme s'il étoit besoin en ce siècle, où les doctrines de la révolution
menacent tous les trônes, de protéger le pouvoir civil
contre l'Église et les doctrines de la vérité : comme si
tu devais chercher auprès des gouvernements des
appuis contre ce qu'on appelle les envahissements et
la tyrannie du Saint-Siége. L'histoire, l'expérience
devroient pourtant apprendre que toutes les concessions faites par la faiblesse ou la complaisance ont
tourné contre l'épiscopat et prêté des armes contre
lui, soit en France, soit ailleurs; que toutes les fois
que, par des actes précipités plus ou moins impru-

dents , il s'est détaché de son Chef pour servir le pouvoir temporel, il a perdu de sa force et de sa liberté , ou de cette indépendance si nécessaire à l'exercice de son haut ministère. C'est un fait constant que, depuis qu'on a parlé en France des libertés de l'Église gallicane, elle n'a jamais été moins libre et a perdu successivement tous ses priviléges , toute sa juridiction. La domination du gouvernement a remplacé l'autorité du Saint-Siége.

L'appui naturel de l'épiscopat, c'est le Pape : il n'est fort que par son union étroite avec ce Pontife suprême, qui seul a des promesses d'immortalité , et qui , fondement indestructible de l'Église, soutient toutes les parties de l'édifice. Aussi , dans tous les siècles passés , quand les évêques étoient opprimés par les puissances du siècle et leurs droits usurpés par les princes, c'est au Pontife romain qu'ils avoient recours comme au refuge dans toutes les détresses , et le Pontife ne manquait jamais de prendre leur défense, et il étoit rare que sa protection et ses remontrances ne fussent utiles aux opprimés et ne fissent cesser les vexations. L'éclat de son Siége , l'éminence de sa dignité , la plénitude de sa puissance , l'indépendance de sa position , les respects de l'univers prosterné à ses pieds, lui donnent assez de crédit et de force pour protéger les évêques et prendre leur défense. Mais qu'opposeront ceux-ci aux entreprises des puissances temporelles ? quels moyens ont-ils de se défendre de leurs violences et de faire respecter leur autorité ?

Soumis dans chaque pays à des princes particuliers, placés souvent dans l'alternative ou de déplaire à leur souverain, ou de violer les devoirs de leur charge pastorale, dépendants sous mille rapports de l'autorité séculière, ils en subissent fréquemment les caprices, et ils ne sont ni assez puissants, ni assez redoutés pour imposer à un gouvernement souvent ennemi, et le faire reculer. Ajoutez à cela les impressions de la peur, les concessions de la foiblesse, les accommodements de la complaisance, les conseils de l'intérêt, les espérances de l'ambition, et vous sentirez combien, dans des moments de crise, il y a peu à compter sur des évêques qui seroient séparés de leur Chef, leur conseil et leur appui : car enfin on ne peut raisonnablement attendre qu'ils soient tous des Chrysostômes et des Ambroises. « Qu'ils ne croient donc » pas conserver leur autorité, en s'insurgeant contre » celle de leur Chef, ou en chicanant sur son étendue » et son exercice. » (1) Quand l'autorité du Pape ne sera plus reconnue ni respectée, celle des évêques sera méprisée et envahie; ils passeront de l'obéissance du Père commun sous la domination tyrannique et capricieuse des princes. Les volontés arbitraires des hommes remplaceront les canons dictés par le Saint-Esprit; l'Église, sans honneur, sans crédit, sans jurisdiction, esclave du pouvoir dont elle attendra les ordres, aura l'air d'une institution purement civile,

______

(1) M. de Haller; *Mémorial catholique*, livraison de juillet.

et les prélats ne seront que des officiers révocables au gré de la puissance qui les institue.

C'est ce qui arriva sous Henri VIII, lors de sa rupture avec Rome. Dès que les évêques anglois eurent reconnu la suprématie du roi et consommé le schisme, il n'est sorte de bassesse à quoi ils ne se prêtèrent pour complaire au monarque : ils ne rougirent point de le reconnoître pour juge suprême dans les questions de foi, interprète infaillible de la Bible, comme la source unique de toute jurisdiction. Ils s'avilirent jusqu'à prendre de lui de nouveaux pouvoirs et à recevoir des diplômes pour prêcher et administrer les sacrements. Ils se laissèrent lâchement enlever une à une toutes leurs prérogatives, quoiqu'au fond ils répugnassent à ces innovations sacriléges. La religion devint tout ce que le prince voulut, et ses pontifes n'étoient là que pour recevoir docilement ses ordres et ériger en dogmes ses caprices. On est honteux de tant de servilité, et on ne sait ce qui doit indigner davantage, ou le despotisme de Henri, ou la lâcheté de ses prélats.

Qu'on ne se le dissimule pas, c'est vers un schisme aussi qu'on nous pousse, comme la voie la plus sûre et la plus expéditive pour corrompre le christianisme et arriver ensuite à sa destruction complète. L'idée d'une église nationale sourit depuis quelque temps aux impies et aux révolutionnaires, parce qu'ils savent bien que le catholicisme, en proclamant sans cesse le grand principe d'autorité, et accoutumant

les peuples à des idées d'ordre , de soumission et
d'obéissance , est ennemi des révolutions , et prévient
l'anarchie dans l'État , en réunissant tous les esprits
dans les mêmes croyances. Ils savent qu'une église
nationale , affranchie du pouvoir spirituel suprême ,
ne seroit plus qu'une institution politique dont le gouvernement seroit entièrement le maître et qu'il modi-
fieroit à son gré. Ils l'appellent donc de tous leurs
vœux , pour en finir avec le souverain Pontife , dont
le pouvoir les incommode , et par là même avec le
catholicisme, allié naturel et protecteur puissant de
l'autorité royale et souveraine. Naguères le *Journal
des Débats* conseilloit cette grande mesure aux nouvelles républiques d'Amérique, comme le complément
nécessaire de leurs institutions , et le moyen de con-
solider leur ouvrage. *Le Globe* croit qu'en France
tout s'achemine et se dispose à cet ordre de choses ,
et en fait honneur au gallicanisme ; il le voit tout près
de devenir une religion nationale ; voici ses paroles :

« Une sorte de conversion politique ( ou protestan-
» tisme ) se manifeste tous les jours ; il ne faudrait
» que quelques actes téméraires des catholiques, pour
» précipiter un mouvement qui s'annonce par des dé-
» sertions en masse.... Les conversions au protestan-
» tisme se font par une sorte de délibération civile.
» A côté des motifs pris de l'enivrement du chant
» religieux , d'une morale pure , d'une discipline sans
» contrainte , se place le calcul de leurs ennuis sous
» la discipline catholique, et de leur bien-être sous

» la liberté protestante.... Le temple catholique res-
» tera seul avec les fonctionnaires et la populace ,
» jusqu'à ce que celle-ci passe où elle trouvera du
» travail et de l'argent.

» Tel est l'inévitable résultat de l'intolérance ; et
» si on n'y prend garde, le moment ne tardera pas
» à venir, où les philosophes eux - mêmes , indiffé-
» rents au fond, et estimant également toutes les sectes
» chrétiennes , prêcheront l'éloignement du catho-
» licisme et la nécessité d'une conversion. Déjà cette
» espèce de faveur que prend le système des *églises*
» *nationales* , cette résurrection *du gallicanisme*, qui ,
» sans racine, comme croyance et comme culte, de-
» vient pourtant une *arme politique* , tout annonce
» le péril aux catholiques : c'est à eux d'y songer. »

Vous l'entendez , lecteur catholique , *le système
des églises nationales prend faveur*, le *gallicanisme*
qu'on tente de *ressusciter* n'est entre les mains des
révolutionnaires *qu'une arme politique* , dont ils se
servent pour renverser le catholicisme. Douterez-
vous encore de l'affinité secrète du gallicanisme avec
les systèmes protestants et philosophiques ? N'en dé-
plaise à M. Boyer, nous nous défions d'une doctrine
que chérissent et préconisent nos ennemis : *Ipso-
rum amor nostra aversionis mensura esto : undè
sperant , hìnc caveamus* (1).

Nierez-vous que le gallicanisme ait cela de com-

_______

(1) *Aphorismata ad juniores theologos* , par M. F. D. L. M.

mun avec le protestantisme et le philosophisme , de
se proclamer indépendant de la puissance supérieure,
et de reconnaître aux sujets le droit d'examen? Que
ce soit dans l'individu ou dans une fraction quel-
conque de l'Église, il n'importe ; le gallicanisme n'en a
pas moins une tendance à un entier affranchissement
de l'autorité souveraine ; il n'en prépare pas moins ac-
tivement les voies à une église nationale , en l'arra-
chant à l'influence de son Chef , pour la livrer aux
mains du pouvoir civil. *C'est un protestantisme de
discipline qui doit tôt ou tard amener le protestantisme contre le dogme* (1). Voilà les espérances et
les prédictions de nos ennemis ; ils ont deviné enfin
le gallicanisme ; leur instinct philosophique a senti le
point de contact qu'il a avec leur doctrine chérie ,
et ils ont poussé un cri de joie.

Eh bien ! c'est quand *tout annonce le péril aux
catholiques*, que , au lieu *d'y songer*, des catholiques
s'empressent de renouveler leurs protestations d'attachement à ces maximes erronées , instrument de
schisme et de servitude ! C'est quand les liens de
la subordination et de l'obéissance se relâchent et se
brisent partout, quand le pouvoir pontifical est déjà
si fort affaibli et si peu respecté , qu'on proclame
de nouveau ces maximes d'indépendance qui sont si
fort du goût du siècle, et si propres à augmenter les
défiances contre le Père commun et à hâter la rup-

(1) *Le Globe*, tom. III , n°. 15.

ture ! C'est dans ces jours de crise, où il faudrait se serrer autour du pouvoir spirituel pour le renforcer et fortifier par lui la société qui se dissout, qu'on s'obstine à vouloir relever le gallicanisme qui affaiblit le Chef et les membres en les isolant, et qu'on jette dans le monde comme une nouvelle déclaration de guerre, qui ne sera qu'une *arme* de plus entre les mains du pouvoir civil contre l'épiscopat. Il est curieux, dans l'état d'oppression où est l'Église, de voir accourir grand nombre d'évêques auprès du trône pour le défendre contre les entreprises du Saint-Siége, et, forts seulement contre la doctrine de ce Siége, n'oser faire avec le même éclat et la même solennité une démarche tendant à sauver la religion. En vérité, je crois que le Roi ne se doutait pas de ce genre de péril; qu'il n'y avait de blessé que l'amour-propre d'un ministre, et que la France n'a commencé à concevoir des alarmes qu'au bruit du tocsin sonné, par l'acte du 3 avril. Quoi qu'il en soit, une démarche, semblable n'est jamais sans conséquence : c'est un premier pas dans la voie des concessions; c'est une, sorte d'engagement à d'autres actes encore plus répréhensibles, qu'on peut exiger comme des conséquences du premier. Sans doute on n'obtiendrait pas. de l'épiscopat, et on ne lui demandera pas des sermens illégitimes, ni rien de contraire aux canons et à l'obéissance qui est due au Chef de l'Église. Mais il est permis, toutefois, de concevoir des craintes, à ceux qui savent ce qui a été déjà tenté deux fois depuis la

restauration, à ceux qui connaissent l'esprit des gouvernements, et leur politique ombrageuse, envahis-
sante, tendant avec persévérance à étendre leurs droits,
à soumettre à l'administration toutes les affaires, même
spirituelles, à affaiblir tellement l'Église qu'elle ne
soit plus qu'une humble et docile sujète toujours
prête à sanctifier les caprices du pouvoir.

Les doctrines d'accommodement, loin de servir la
cause de la vérité, n'accommodent jamais que les
ennemis de l'Église. Le juste milieu vaut moins encore
en religion qu'en politique, il est surtout plus ab-
surde et plus vide de sens, et a en outre ce grand
inconvénient, que, placé entre le vrai et le faux,
entre ceux qui croient toute la vérité, et ceux qui
protestent contre, *il reçoit les coups des deux partis.*
Que d'autres l'appellent modération, prudence, mé-
nagement, je l'appellerais plutôt politique mondaine,
timidité, prudence humaine : et, transportée dans
les choses qui intéressent la foi, cette prudence humaine a toujours compromis les véritables intérêts
de la religion, soit en les sacrifiant lâchement aux
passions des hommes puissants, soit en composant
avec l'erreur, pour sauver quelques débris de la vérité. « On conçoit, dit *le Globe* (1), que lorsque les
» esprits n'étaient ni assez éclairés, ni assez hardis
» pour prévoir et déduire les conséquences, on ait
» pu s'arrêter à ce tempérament diplomatique d'un

_______

(1) Tom. III, n°. 15.

» concile d'évêques unis à un Roi contre le Saint-
» Siége, et maintenant le dogme par la force, lors-
» qu'ils rompirent la discipline par le raisonnement.
» Mais aujourd'hui que le gallicanisme a porté tous
» ses fruits, qu'il s'est allié à toutes les idées de li-
» berté politique, comment les catholiques ne sen-
» tiraient-ils pas son défaut ? » Comment ne repousse-
raient-ils pas de toutes leurs forces ces libertés op-
pressives, au nom desquelles (1), selon M. l'évêque
d'Hermopolis, les parlements ont opprimé l'Église de
France, au nom desquelles la constitution civile du
clergé fut proclamée et le schisme établi, Pie VI immolé,
Pie VII persécuté, dépouillé, jeté dans les fers par l'im-
périal défenseur des quatre articles. Comment enfin ne
se rallieraient-ils pas franchement et sans conditions
sous l'obéissance du Pasteur universel, afin de décon-
certer, de désespérer leurs ennemis par la vivacité et
la chaleur de leur dévouement ? Avec cet attachement
filial et cette obéissance parfaite, le Clergé est fort
et invincible, les schismes sont impossibles, la religion est impérissable dans un empire.

Que le Clergé renverse donc ce mur de division
qui gêne la communication du Père avec les enfants,
du Chef avec les membres, et qu'on ne voie plus sur
notre Église de France cette espèce de nuage qui in-
tercepte les rayons du soleil et empêche de descendre

(1) Voyez son discours à la Chambre des députés, et ses *Vrais
Principes de l'Église gallicane.*

jusqu'à elle les bénignes influences du gouvernement suprême. Car il faut qu'elle se persuade bien que toute sa force lui vient de celui qui est assis sur la *chaire éternelle*, et que de même que dans l'État le salut est venu toujours de la royauté, le salut dans l'Église, et surtout pour l'épiscopat, nous vient de la royauté pontificale, de cette Rome que haïssent tous les ennemis de la religion catholique, sectaires, incrédules, révolutionnaires, et que doit révérer et chérir tout ce qui tient encore au nom de catholique. Le trône pontifical est inébranlable; la philosophie doit le savoir : tout ce qui s'appuiera donc sur ce trône demeurera ferme et subsistera jusqu'à la fin des siècles; la barque de Pierre, bien qu'agitée par les flots, n'en saurait être submergée : en s'y tenant donc attachée fortement, on ne risque pas de périr.

Je viens de dire que le salut de la religion en France ne peut plus nous venir, dans les conjonctures présentes, que du Saint-Siége entouré de l'épiscopat. La protection constante que nos Rois ont accordée à l'Église gallicane, les bienfaits qu'ils ont répandus sur elle, un attachement à la religion catholique qui ne s'est jamais démenti, nous ont accoutumés peu-à-peu à nous confier à leur zèle, à recourir à leur autorité dans des causes toutes spirituelles, à prendre leur agrément et leurs ordres en toutes sortes d'affaires. Ces sentiments et cette conduite de l'épiscopat français font autant d'honneur à la piété de nos Rois qu'à la reconnaissance et à la fidélité des évêques. Toutefois, on doit remar-

quer que cet appel continuel à la puissance civile,
cette habitude de référer à elle de toutes les mesures
qui intéressent l'Église, et de se reposer presque uni-
quement sur sa sollicitude, l'ont mise en possession,
par des envahissements successifs, de régler souverainement toutes les affaires de la religion, et ont réduit
l'épiscopat à une sorte d'impuissance et de nullité,
quant au gouvernement spirituel, qui lui appartient
essentiellement. Fénélon le remarquait déjà, et s'en
plaignait ainsi :

« On a presque rompu tous les liens de la société qui
» tenait les pasteurs attachés au Prince des pasteurs. On
» ne voit plus les évêques le consulter, comme ils le fai-
» saient autrefois si fréquemment. On ne voit presque
» plus de réponses par lesquelles, comme autrefois,
» le Siége apostolique, dissipant tous les doutes, nous
» enseigne, sur ce qui touche la foi, et la discipline
» des mœurs, et l'interprétation des canons. Il semble
» que l'on ait fermé toutes les voies de ce commerce,
» jadis continuel, entre le Chef et les membres. Que
» nous présage pour l'avenir ce lamentable état des
» choses spirituelles, si des princes moins pieux ve-
» naient à régner, sinon la défection de la France et
» sa rupture avec le Siége apostolique? Je crains bien
» que ce qui est arrivé en Angleterre n'arrive aussi
» chez nous (1) ! »

Le mal a bien augmenté depuis Fénélon. Les évê-

(1) *OEuvres de Fenelon*, tom. II, pag. 389, édit. de Versailles.

ques, bien qu'ils n'eussent que peu de rapports avec leur Chef, n'étaient pas encore isolés les uns des autres autant qu'ils le sont aujourd'hui, au point de ne pouvoir pas même se communiquer leurs alarmes et concerter ensemble les moyens de guérir les maux de la religion et d'établir quelque discipline dans leurs diocèses. On a assujetti leurs actes à toutes les formes administratives; on les a mis dans l'impuissance absolue de rien faire pour le gouvernement de leurs diocèses, sans la permission de l'autorité civile : je ne sais si on leur a laissé autre chose que la confirmation des néophites et l'ordination des ministres sacrés. Pour tout le reste, l'on a établi dans les bureaux du ministère des affaires ecclésiastiques *un concile national permanent,* qui gouverne souverainement et administrativement l'Église de France.

Puis donc que la politique a envahi l'Église et ne la traite plus qu'en esclave, qu'attendent désormais les évêques des gouvernements nouveaux? qu'espèrent-ils de la politique du jour? Rien, sans doute, pour la réparation des ruines de l'Église; ce n'est point par cette voie qu'elle sera sauvée. C'est à eux à prendre en main ce grand ouvrage : pour peu qu'ils diffèrent et qu'ils persistent à attendre leur salut et le nôtre de la sagesse et des bonnes intentions du gouvernement, ils seront bientôt évêques *in partibus infidelium.* Qu'ils se souviennent qu'ils sont établis par le Saint-Esprit pour gouverner l'Église de Dieu; qu'ils renoncent à de vieux préjugés, et puisent, avec plus d'abondance,

au tronc vivace et vigoureux, la sève nourricière qui
doit féconder et fortifier la branche.

« Aux époques sinistres, lorsque des mouvements
extraordinaires agitent le monde, l'Église fait qu'en
elle est le salut, bien qu'elle en ignore et le temps et
la manière, et, immobile alors, on la voit opposer,
sans jamais fléchir, aux tempêtes de l'erreur, aux flots
des passions, son inébranlable foi et sa législation impérissable. L'état de la société, qui rend les gouvernements mêmes dépendants de cette puissance
vague et mobile qu'on appelle l'opinion, exige impé-
rieusement que la défense de la religion, les plaintes
qu'elle a le droit de former, l'exposition de ses besoins
aient un caractère éclatant de publicité... Qu'on nous
dise à quoi reviennent des observations adressées par
quelques évêques à un ministre, et passant quelquefois
sans être lues, de ses mains en celles d'un commis
chargé de les ensevelir dans des cartons? Représentez-
vous, au contraire, l'épiscopat entier élevant sa voix,
et ses gémissements, et ses lamentations prophétiques
au milieu de la France, rappelant à la souveraineté
temporelle, avec une sainte et respectueuse liberté,
ses devoirs envers Dieu, envers la religion, envers la
société humaine, qui, séparée de son principe de vie,
se dissout comme un cadavre; peignant les ravages
du doute, de l'impiété, du libertinage, entretenus,
propagés jusque dans les dernières classes par une
multitude, chaque jour croissante, de livres corrupteurs; réclamant, au nom de l'État même, au nom

des familles, les droits sacrés dont on a dépouillé
l'Église; secouant, pour ainsi parler, ses chaînes, afin
de réveiller à ce bruit lugubre les chrétiens assoupis
et tièdes; montrant aux hommes, les suites terribles,
prochaines, inévitables de la fausse indépendance qui
les séduit, et ouvrant à leurs pieds le goufre, où ils
courent se précipiter. Pense-t-on que ces remontrances,
ces avertissements, ces annonces effrayantes et trop
certaines qui retentiroient entre la terre et le ciel fussent tout-à-fait stériles; qu'un rayon de lumière ne
pénétrât pas dans les esprits les plus aveuglés; qu'un
remords, une crainte au moins, ne se fît sentir aux
cœurs les plus endurcis? Et, après tout, est-ce donc
du succès qu'il s'agit? La victoire est à Dieu; com-
battre, voilà notre partage! (1) »

(1) *De la Religion considérée dans ses rapports avec l'ordre politique
et civil*, pag. 411 et 412.

FIN.

Imprimerie de GUEFFIER, rue Guénegaud, n°. 31.